DE L'ÉTAT ACTUEL

DE

L'ESPRIT HUMAIN,

RELATIVEMENT AUX IDÉES ET AUX DÉCOUVERTES NOUVELLES.

OU

DE LA PERSÉCUTION

ATTACHÉE A LA VÉRITÉ ET AU GÉNIE.

PAR JEAN-JACQUES ROUSSEAU.

A GENÈVE;

Et se trouve A PARIS;

Chez VALLEYRE l'aîné, Imprimeur Libraire, rue vieille Bouclerie.

M. DCC. LXXX.

AVERTISSEMENT
DE J. J. ROUSSEAU
AU LÉGATAIRE DE CE DISCOURS.

ON a appellé plusieurs de mes Ouvrages, *des déclamations*, entr'autres mes Discours sur les Lettres & les Mœurs, & sur l'Inégalité des Conditions. En voici un où je me suis occupé de prouver plusieurs grandes vérités par le raisonnement le plus suivi, par la Logique la plus serrée, par un enchaînement de démonstrations morales aussi concluantes & aussi incontestables que les démonstrations les plus Géométriques. L'Éloquence, sans doute, en aura beaucoup souffert : mais laissons prononcer ce jugement à mes Détracteurs. Si, dans cette nouvelle production, la raison appuyée par la justesse & par la force, éclaire les esprits

A ij

fur des vérités qui les bleſſent encore plus
que celles que j'ai montrées autrefois,
vous verrez qu'ils m'aimeront mieux Dé-
clamateur.

Avertiſſement de l'Editeur.

Peu de mois avant ſa mort, le célèbre J. Jacques à qui je communiquai
quelques parties d'un écrit où j'avois dû
néceſſairement parler de lui, voulut bien
me donner pluſieurs marques d'une eſ-
time particuliere. Quelques jours après
il m'envoya le Diſcours ſuivant, en me
priant de ne le faire imprimer qu'après
ſa mort, & d'attendre le moment qui me
paroîtroit le plus convenable. Je ne crois
pas devoir priver le Public plus long tems
du dépôt que cet homme illuſtre a bien
voulu me confier.

DE L'ÉTAT ACTUEL

DE

L'ESPRIT HUMAIN;

RELATIVEMENT aux Idées & aux Découvertes
Nouvelles.

QUELLE fatalité inconcevable attache la persécution aux hommes de génie?

Comment se fait-il que pendant que le désir de connoître, de savoir & de découvrir, paroît la passion dominante de l'esprit humain, tous les hommes s'élevent avec acharnement contre toute idée neuve, contre tout système nouveau, contre toute découverte?

Comment se fait-il que tous les écrits, tous

les difcours, & toutes les Affemblées des Corps retentiffant des mots *Vérité, Lumieres, perfection de la raison humaine*, il ne fe préfente pas un feul homme annonçant une vérité ou une lumiere nouvelle, il ne s'annonce pas un feul inventeur, il ne fe montre pas un feul individu difpofé à faire faire quelques pas à la raifon, que tous les corps, tous les écrits, tous les difcours ne s'élevent contre lui, & particuliérement ceux qui devroient défirer plus vivement la réalité de cette invention, de cette perfection, de cette découverte; ceux qui par le genre de leurs études, par l'efpèce de leurs connoiffances, & par l'état qu'ils profeffent, devroient être plus reconnoiffans des richeffes qu'on leur apporte? Quelles peuvent être les diverfes raifons de cette étonnante bizarrerie, de cette incompréhenfible inconféquence, de cette cruelle abfurdité?

Il faut, pour les bien comprendre, examiner d'abord quel eft l'état actuel de l'efprit humain relativement aux idées neuves & aux nouvelles découvertes.

Tout retentit des plus fuperbes éloges fur les progrès immenfes de nos connoiffances & de nos lumiéres. On ne parle que de la fupériorité de ce Siécle Philofophique. Ceux qui analyfent la rivalité des Anciens & des Modernes, paroiffent croire que les derniers ont atteint aux dernieres limites de la raison humaine ; & s'ils ne peuvent pas se refuser à la juste admiration dûe aux Siécles d'Aristote & de Virgile, tout ce qu'ils paroissent pouvoir faire pour eux, c'est de les admettre à une sorte d'égalité. Ceux qui font des Traités & des Discours sur le *beau*, & qui veulent appuyer par des exemples leur théorie sur la beauté essentielle & invariable des choses, avancent que l'Esprit Humain n'est susceptible que d'un certain dégré de perfectionnement, & que les hommes de tous les tems qui avec les mêmes moyens & le même génie ont couru les mêmes carrières, font demeurés à peu-près au même niveau, ont eû un dégré de mérite à peu-près égal. Ceux qui ont cherché à approfondir & à analyser l'État actuel de l'Esprit Humain, se font cru autorisés à prétendre que tout a été dit, qu'on n'invente plus rien, qu'il n'y a plus d'idées neuves, & qu'on ne fait plus que rendre les mêmes choses en d'autres mots & sous de nouvelles formes.

Cette opinion très-spécieuse & très-accréditée est une des plus funestes à l'espèce humaine ; elle fortifie & perpétue les obstacles les plus puissans à la félicité générale. Cette erreur est tout-à-la-fois le résultat de mille erreurs qui l'ont précédée

& la cause principale de mille autres erreurs qui l'ont suivie.

Si vous mettez à côté de cette opinion fatale celle qui a persuadé à la plûpart des Esprits, que les hommes sont incorrigibles, vous connoîtrez peut-être les deux maladies morales les plus corruptrices du cœur humain, les deux ennemis les plus dangereux du bonheur public.

S'il n'est pas vrai que les hommes soient incorrigibles, comme je l'ai déjà démontré, & comme je le démontrerai d'une maniere encore plus étendue par la suite, il est encore bien moins vrai que tout ait été dit, & que l'Esprit Humain ait atteint les dernieres limites où il puisse arriver. Je dis *qu'il est encore bien moins vrai*; car si l'on pouvoit démontrer que les hommes ont toujours été les mêmes, que leurs vices & leurs crimes ont toujours été aussi nombreux, leurs sottises, leurs folies, leurs méchancetés aussi excessives, démonstration absolument impossible à donner, puisqu'on peut précisément donner celle du contraire, il me resteroit à dire que cette constance, cette opiniâtreté & cette similitude de leur part dans le mal, ne viendroient que de ce que *tout n'a pas été dit*, & bien plus encore de ce que *tout n'a pas été fait*.

Jettons donc un moment les yeux sur ce qui manque encore à l'Esprit Humain, & indiquons rapidement une petite partie des sources où il peut puiser les idées neuves les plus importantes.

Supposons un instant que les Arts, les Sciences ayent atteint leur dernier dégré de perfection ; que la Littérature dans chaque genre ait produit les différens chefs d'œuvres dont elle est suscep- tible, il resteroit encore à faire la plus impor- tante de toutes les choses, celle de donner à tous ces objets un grand but, un but moral & de pre- miere importance pour la félicité des Nations. Les hommes ont accumulé une grande somme de matériaux qui ne devroient servir qu'à la for- mation de leur bonheur ; mais ils n'ont point encore élevé l'édifice ; & ils ont la bonté de prendre les matériaux pour l'édifice lui - même ; personne même ne les a instruits encore de cette fatale méprise ; & ce que je dis ici, qu'il étoit si aisé de penser & d'apprécier, est déjà une chose nouvelle.

Il reste à la raison humaine à trouver quel est le plus précieux usage qu'elle puisse faire d'elle- même ; il lui reste à examiner s'il est bien vrai que les Arts, les Sciences & la Littérature ayent atteint leurs dernieres limites ; si au contraire en suivant les chemins nouveaux qu'elle découvrira, il ne lui reste pas encore de grandes portions de l'eſpace à parcourir. Il lui reſte à conſidérer quels ſont les plus précieux de ſes moyens & les effets les plus utiles auxquels elle peut prétendre. Il reſte aux hommes enfin à parcourir la plus grande & la plus importante moitié du cercle que l'intelligence humaine puiſſe eſpérer de décrire. Ils ont été ſavans, il leur reſte à être ſages. Ils ont été ſpirituels, il leur reſte à être heureux. S'ils ont touché, comme vous le dites, les dernieres bornes de l'Eſprit & de la Science, ils ont à peine fait le premier pas dans la carrière de la ſageſſe & du bonheur: tout ſera donc nouveau de ce qu'on dira pour montrer aux eſprits prévenus de ce ſiécle, 1°. quelles ont été les cauſes de cette fauſſe marche de l'Eſprit Humain: 2° quels ſont les moyens de la rectifier: 3°. quel eſt l'emploi le plus utile qu'on puiſſe faire de ce qu'on ſait & de ce qu'on a découvert: 4°. ce qu'il faut encore apprendre & découvrir: 5°. quelle fin univerſelle on doit ſe propoſer, & par où on peut eſpérer d'y arriver.

Examinons d'abord quelles ont été les cauſes de cette fauſſe marche de l'Eſprit Humain. Cet examen ſeul nous donnera la ſolution de la queſtion que nous nous ſommes propoſée ici, ſavoir quel eſt l'État actuel de l'Eſprit Humain relative-

ment aux idées neuves & aux découvertes nouvelles (*a*).

Dans tel syſtême qu'on puiſſe embraſſer ſur
l'origine des Sociétés, ce ſera une vérité également évidente, que les Arts, les connoiſſances
n'ont paru parmi les hommes qu'après les be-
ſoins, la force, l'amour-propre & l'injuſtice : ainſi
dès leurs premiers pas, ces Sciences & ces Arts
ont trouvé une partie de leurs ennemis capitaux
tout établis dans le monde. L'Induſtrie, fille de la
Néceſſité, a forgé des inſtrumens ; le haſard à en-
ſeigné des propriétés ; la mémoire a compilé
des notions ; la réflexion les a miſes en ordre ;
le génie a imaginé des ſyſtêmes ; le grand homme a découvert des vérités utiles. Mais l'homme
puiſſant, l'homme riche, l'homme fort, &
l'homme injuſte, qui n'ont été trop ſouvent
qu'une même choſe, ont auſſi-tôt reçu d'une
main le ſuc de toutes ces plantes, & repouſſé de
l'autre ceux qui l'avoient exprimé.

───────────────────────────────

(*a*) Les Eſprits juſtes & éclairés verront facilement que les Sections 2, 3, 4 & 5, ſeroient fort
étrangeres à la queſtion actuelle, & que leur développement appartient aux queſtions où on examinera ce
qui manque encore à l'Eſprit Humain ; quelles idées
neuves il reſte à lui donner ; & quelles choſes nouvelles il lui reſte à apprendre ; queſtions qui ſuivent im-
médiatement celle-ci, mais qui ne ſont pas la même.

La paſſion univerſelle a toujours été celle de
jouir ; très-peu d'hommes ont eu celle de connoître. Parmi l'eſpece très-rare de ceux-ci,
chaque individu livré à un objet particulier,
eût été bien loin, même en recevant de la
part de la Société toute la protection & tous
les encouragemens néceſſaires, de chercher
toute l'utilité de la Science ou de l'Art qu'il
avoit embraſſé, de parvenir au degré de déſin-
téreſſement & d'impartialité indiſpenſables pour
aſſigner à ſa profeſſion & à ſon travail le rang
qu'ils devoient tenir dans la Hiérarchie des Sociétés, dans la ſérie politique des connoiſſances
humaines, & d'enviſager avec les yeux de
l'homme d'Etat, toute cette maſſe de lumieres
vraies ou prétendues, pour les diriger avec ſageſſe vers le bonheur réel de l'eſpece humaine.
Mais au lieu d'en recevoir des encouragements,
il n'en a reçu que des dégoûts, il n'a rencon-
tré que des obſtacles.

Preſſé de ſe diſtinguer, avide d'obtenir la
fortune ou la conſidération, l'homme, dans
chaque profeſſion, ayant trouvé preſque tous
les premiers rangs de la Société uſurpés ou
diſtribués par la violence, l'intrigue, l'injuſtice,
l'ignorance heureuſe ou le haſard aveugle, &
conduit à la vertu ou au talent moins par une

expresse volonté ou un calcul réfléchi, que par des circonstances imprévues, ou une destinée impérieuse, s'est hâté de lier son sort à celui de sa République, d'y occuper une place & d'y être compté pour quelque chose.

Repoussé de toutes parts par l'intérêt de tous, qui combattoit le sien, il a consumé la plus grande partie de ses forces à prendre le poste qu'on lui refusoit, ou à garder celui dont il s'étoit emparé. Il fut donc contraint par la force répulsive des autres, quand il ne l'eût pas été par les aiguillons naturels de son amour-propre & de son intérêt, il fut contraint à un combat nécessaire, à une défense indispensable. Tout le tems qu'il employa à cette lutte fut perdu pour les progrès particuliers de son Art, & bien plus encore pour les progrès de cette politique législative qui doit prendre ses conclusions sur l'universalité des connoissances humaines, y distinguer les mots & les choses, en tirer le plus grand résultat & en appliquer les fruits à la félicité publique. (a)

Il seroit aisé, en voulant approfondir cet

_____

(a) Personne jusqu'ici n'a seulement pensé à cette politique & à ses devoirs, dont j'indiquerai par la suite toute l'étendue & tout le développement.

objet & en faire ici une question particulière;
de démontrer que chaque individu a été réellement forcé de se conduire de cette sorte; de
travailler à l'établissement de sa propre personne-
ne, beaucoup plus qu'à celui de sa profession;
de rendre son individu recommandable plus que
son Art; de s'occuper de l'honneur de son nom
avant celui de sa science; & de mettre son
égoïsme aux prises avec l'égoïsme général, bien
plus que son savoir avec la vérité.

Or, si chaque particulier a dû être nécessairement entraîné par la nature des choses à se
conduire de cette sorte, qui pouvoit donc enfin sortir de file & mettre un terme à ce fatal
abus ? Loin que ce fût une chose facile & naturelle, on pourroit regarder comme une espèce de
miracle en morale, qu'il soit seulement venu dans
l'esprit d'un homme *actuel*, de traiter la question
que j'agite ici, & que ce soit au milieu de ce
siecle expressément dévoué à l'égoïsme, que
quelqu'un quitte les rangs pour se soustraire à
son funeste ascendant, & entrer en lice contre
tous ces intérêts personnels. Et on osera vanter
la sagesse du Siecle & repousser les vérités nouvelles ! Et on osera publier que tout a été dit,
que les lumieres ont atteint leur plus haut point
d'élévation, & les hommes leur dernier dégré

de perfection, pendant que le défir, le défir feul de s'écarter de la route battue qui propage les erreurs & confacre les préjugés, eft devenu un phénomène pour nous ; pendant que le défir feul de s'éloigner du chemin frayé qui multiplie les Sectateurs opiniâtres des opinions établies & des maximes adoptées, eft une forte d'attentat que l'Univers s'empreffe de punir ; pendant qu'une feule penfée contraire à l'impulfion générale , eft véritablement dans l'état préfent de l'efprit humain une production contre nature , une fingularité digne de tout notre étonnement, un réfultat du hafard , ou de la Providence feule, par lequel tous les calculs de la politique ordinaire fe trouvent brifés , & tous les chaînons connus de l'ordre moral interrompus.

S'il étoit fi difficile aux particuliers de fortir de ce cercle vicieux , à ceux même qui s'étoient dévoués à telle ou telle Science , dont leur ambition étoit fans doute d'étendre la circonférence , par qui donc eût-il pu être apperçu & brifé ? Par qui ces erreurs euffent-elles pu être reconnues & ces vices réformés ? Par qui ce cours funefte eût-il pu être arrêté, & ramené à fa véritable direction ?

Seroit-ce par les Sociétés politiques & par leurs gouvernemens ?

Les Sociétés politiques, sur-tout depuis la chûte de l'Empire Romain, étoient entr'elles comme les particuliers étoient entr'eux. Elles étoient occupées comme eux de mille petits intérêts, de mille besoins pressans qui les détournoient des grandes vues & des grands desseins. Les Souverainetés formées petit-à-petit & par des usurpations ou des événemens successifs, ont eû pour grande affaire jusqu'ici de se donner une existence & de la conserver. Elles ont été trop occupées de cet objet pour pouvoir penser à leur perfection intérieure ; & bien loin d'avoir pu protéger les divers moyens qui pouvoient la leur procurer, elles ne les ont pas connus, elles ne les connoissent pas encore.

C'est même de cette cause principale que dérive celle dont je viens de parler ci-dessus. C'est de cette impossibilité générale où ont été les Souverainetés naissantes de travailler à leur constitution morale, de se donner la compléxion robuste, qui n'est produite que par une législation lumineuse, & de perfectionner le centre plutôt que de défendre ou d'embellir la circonférence, qu'est née l'impossibilité particuliere pour les individus de s'occuper essentiellement de la perfection réelle de l'Art ou de la

Science

Science qu'ils avoient embrassée, & du bien public auquel elle devoit conduire.

Si les Gouvernemens eussent été tranquilles & sages, s'ils avoient eu le tems de s'occuper de leur législation, s'ils en avoient conçu la haute importance, s'ils s'en étoient donné une, un des objets nécessaires de cette législation eût été la propagation & la perfection des connoissances utiles ; & par conséquent, les particuliers respectables qui s'en seroient occupés, auroient non-seulement été mis à l'abri des inconvéniens innombrables, & de la lutte continuelle dont nous avons parlé ci-dessus, mais ils eussent été placés comme ils le doivent à un des premiers rangs de la Société civile.

Seroit-ce par les Compagnies savantes & par les Corps destinés à des professions particulieres, que ces maux pouvóient être réparés, & ces abus éteints ? Ces Compagnies & ces Corps se font formés eux-mêmes dans les Monarchies modernes, comme ces Monarchies se font formées dans l'Europe ; sans Loix, sans principes, sans législation, sans but déterminé. Après avoir été contraints de se former d'une maniere aussi vicieuse que les Empires, ils ont eu le dangereux inconvénient d'être entr'eux comme les particuliers ; d'avoir à se donner une consistan-

B

ce, à établir leurs droits & leurs prétentions, à prendre un rang & à le ſoutenir, à acquérir des revenus & à ſe procurer les moyens de les augmenter, à combattre les prétentions & les attaques les uns des autres, à ſe faire des conſtitutions qui favoriſaſſent des prétentions préſentes & à venir.

D'après cela, il eſt aiſé de ſentir que ces Compagnies ont été bien éloignées de pouvoir porter les Sciences & les Arts au point d'élévation & d'utilité qu'elles peuvent atteindre.

Au lieu même de contribuer réellement à la perfection des connoiſſances humaines, & des objets pour leſquels elles ſont conſtituées, elles ont pu leur avoir été ſouvent fort préjudiciables. On va en comprendre facilement les raiſons.

Lors de leur fondation, elles trouvent les Arts & les Sciences à un certain degré, & les Individus qui les compoſent ont en eux la capacité & les talents néceſſaires pour les porter juſqu'à tel autre degré; mais paſſé cela, tout ce qu'on fait dès cet inſtant pour la perfection de ces mêmes connoiſſances ailleurs que dans leur Corps, eſt attentatoire à leurs intérêts particuliers; & ſi (comme il n'eſt que trop vrai,) chaque homme eſt toujours tenté de croire que personne n'en sait plus que lui, que son esprit est au moins égal à celui de tout autre, & que l'esprit humain ne sauroit aller au-delà des bornes qu'il a atteint lui même; cette disposition est portée à un degré bien plus haut dans une Compagnie. L'ame d'une Compagnie, est le résultat général de toutes les prétentions, & de tous les amours-propres particuliers des individus qui la composent. Elle se croit en possession du dépôt de toutes les connoissances humaines, relativement à la profession qu'elle exerce; elle se trouve toujours prête à rire de dédain, à quiconque ose vouloir lui enseigner quelque chose.

Si nul n'est mécontent de son esprit, comme on l'a dit, lors même qu'il n'a rien fait pour l'orner, l'étendre & le perfectionner, chacun est bien plus persuadé de son savoir lorsqu'il s'est long-temps environné d'*in-folio*, qu'il s'est pénétré de certaines théories, qu'il a entassé dans sa mémoire beaucoup de matériaux d'érudition, & qu'en s'appropriant laborieusement le savoir d'autrui, il n'a pas assez cultivé sa raison pour apprendre à redouter autant son orgueil que sa foiblesse. Cependant le particulier isolé qui est dans ces dispositions peut avoir des retours sur lui-même; il peut dans un heureux moment, rabattre de la bonne opinion qu'il s'est inspirée; il peut

B ij

dans quelques courts intervalles douter de sa sublimité, sentir sa foiblesse, ne se croire qu'un homme, & se ressouvenir avec Pope, que l'homme n'est souvent qu'un ver de terre; il peut du moins, si sa présomption a pris de trop profondes racines pour être susceptible de ces fugitives variabilités, ne pas oser la manifester sans restriction, craindre pour son orgueil le choc de l'orgueil d'autrui. Mais devenu membre d'une Compagnie dont toutes les têtes sont presqu'aussi lumineuses que la sienne, sa présomption qui se trouvoit déjà une base si solide dans son propre cœur, se raffermit & s'accroît en proportion de la qualité & en raison multiple du nombre de ses Confreres. Chacun d'eux fait alors le raisonnement de ce Recteur de l'Université, qui se croyoit le premier homme du monde, parce qu'il étoit le premier homme de sa chambre. Chacun d'eux alors se croit le premier homme de sa Compagnie, & regarde sa Compagnie sans balancer comme le Corps le plus respectable & le plus utile de l'Europe. Toutes leurs vanités particulieres sont raffermies par la vanité de tous. Aucun d'entr'eux ne craint de mettre en action la haute opinion qu'il a de lui-même, elle devient un devoir d'état. Il se forme alors un esprit de Corps, qui tient autant à la nature des connoissances relatives à leur profesfion qu'à leurs intérêts perfonnels. La Science n'eft autre chofe que ce qui eft fçu par leur Compagnie. La nature ne peut pas s'étendre au-delà des bornes que ces Meſſieurs y ont poſées. Les découvertes qu'ils ne font point, font des chimères. Les vérités qu'ils ne connoiſſent point, font des illuſions. Les expériences qu'ils ignorent, font des preſtiges. Les principes qu'ils n'admettent pas, font des abſurdités. Le génie qui paſſe le leur, eſt une extravagance.

Si la nature ne leur inſpiroit pas cette manière de voir, elle leur feroit inſpirée par ce caractere particulier de cupidité qui s'empare de tous les cœurs dans les tems de dépravation. S'ils n'étoient pas tout naturellement conduits à l'adoption de ces principes, par la trempe de l'eſprit & de l'orgueil humain, ils le feroient par le calcul réfléchi de leurs intérêts perfonnels. Mais la plupart font dans la plénitude de la bonne-foi à cet égard ; je me plais à le croire & je me le perfuade facilement. (a) Ce font feu-

____

(a) Le degré de colere *ſincere* qu'ils prendront à cette lecture, fera égal à leur degré de bonne-foi. Car plus ils auront de confiance dans leurs lumieres, plus ils feront excités à la perſécution du génie par l'orgueil & non par l'intérêt ; plus auſſi ils me taxeront d'erreur ou d'injuſtice, plus ils ſe tiendront offenſés de

lement ceux d'entr'eux qui ont assez approfondi le cœur humain, assez médité sur la nature actuelle de l'homme & des choses, pour connoître la vérité de ce que je viens d'avancer, qui suivent la voix de leur passion, & font par le désir de leur gloire & de leur fortune, ce que les précédens font par une persuasion sincere.

Ces deux dispositions des esprits leur sont naturelles dans tous les tems; mais elles sont bien augmentées, elles deviennent bien plus conséquentes, quand certains progrès réels, certaine prévention, certain enthousiasme, certains préjugés, certains prestiges Oratoires ou Philosophiques, en ont imposé à ces Compagnies, au point qu'elles croyent être parvenues à connoître & à savoir ce qu'il y a de plus profond & de plus lumineux; quand certain caractere particulier du siécle imprimant un esprit général de doute & de pirronisme, donne en même-temps une confiance infinie & des prérogatives sans bornes à l'intelligence humaine, & conduit insensiblement tous les contempo-

---

ce que je dis en ce lieu. Quant aux autres, s'ils se fâchent, ce ne sera que d'une feinte colere; & sachant fort bien dans le fond de leur cœur que j'ai raison, ils seront offensés non pas de mon injustice, mais de ce que je démasque la leur.

rains à se défier de tout, excepté de leur propre raison, qui est cependant la chose du monde
à l'occasion de laquelle la défiance est la plus
juste & la plus nécessaire.

Ces dispositions des Esprits, malheureuse-
ment naturelles dans tous les tems, sont bien
augmentées encore & deviennent bien plus
dangereuses, lorsque les Empires se corrompent
& parviennent à des degrés de dépravation
qu'on peut à peine croire; lorsque l'intérêt général est effacé de tous les Esprits; lorsque
l'amour de la fortune devient la passion dominante; lorsque l'avidité s'introduit dans tous les
cœurs; lorsque la vertu est ridiculisée, & l'amour
de la Patrie anéanti; lorsque l'égoïsme enfin
trouve des Philosophes pour défenseurs.

De ces causes, il résulte, que jamais la vérité n'a peut être été dans le cas de rencontrer
plus d'obstacles que dans ce moment. Tous les
Corps illustres, & toutes les Assemblées, les
Agrégations d'hommes célébres, ont établi &
reçu un certain nombre de principes universels
& d'opinions générales comme des vérités incontestables; ils ont passé leur vie à les apprendre,
à les croire, à les enseigner, à les étendre, à
les perfectionner, à se faire une réputation, une
célébrité établies sur l'enseignement & la publi-

cation des choses, qu'ils ont pensées & écrites à cet égard, à acquérir par ce moyen un état & une consistance dans le monde, à tenir par conséquent à ces opinions & à ces principes, par les liens les plus multipliés & les plus étroits. De-là ils n'admettent & ne reconnoissent pour vérités que les propositions qui ont de l'analogie avec leurs principes : tous ceux qui en établiroient de contraires, fussent-elles de toute évidence, seroient sûrs de trouver des contradictions perpétuelles, des obstacles invincibles. Ils seroient assurés de rencontrer dans chaque membre de ces Corps, devenus les principaux distributeurs de la gloire & des réputations, un esprit prévenu qui ne sauroit supposer le moindre mérite à des gens qui ne pensent pas comme lui, un Juge intéressé qui se gardera bien de donner crédit à des idées qui combattroient les siennes, un raisonneur injuste & faux qui employera des sophismes & abusera de ses prérogatives pour leur arracher les plus petits succès.

Les vérités physiques, les vérités mathématiques, les vérités politiques, les vérités morales, les vérités législatives, seroient peut-être toutes dans le même cas. Elles rencontreroient un égal nombre d'obstacles & d'ennemis. Elles trouveroient toutes sur leur chemin des barriéres impénétrables posées par des Corps & des Compagnies chez qui l'ignorance, l'habitude, l'intérêt, auroient consacré des erreurs devenues nécessaires à leur considération & à leur fortune. (*a*)

L'amour-propre de tous est donc incontestablement choqué, par l'apparition d'un être extraordinaire. Tout membre d'un Corps, tout homme livré à une étude & à une profession particuliere, désire d'occuper ie premier rang, & se persuade aisément qu'il le mérite. Tant que ses Confreres parcourent les routes battues & marchent, lourds érudits, dans les sentiers de leurs Prédécesseurs, la valeur de tous étant à peu-près égale, chacun peut facilement se faire illusion & se persuader qu'il posséde la plus grande. La premiere place n'étant évidemment dûe à personne, tous se croyent en droit de se l'attribuer; mais lorsqu'un homme de génie se présente avec une découverte

_____

(*a*) Les vérités historiques elles-mêmes n'en sont pas exemptes. Elles rencontrent pour ennemis les Rois qu'elles blessent, les Ministres qu'elles démasquent, les Grands qu'elles humilient, les petits Seigneurs à qui elles montrent des Héros lorsqu'ils ne veulent être que des Courtisans; les nouveaux parvenus qu'elles désesperent par le tableau des droits des Rivaux qu'ils ont dépouillés.

utile, & qu'il veut enrichir la science qu'il a embrassée d'une idée neuve, tous ses Confreres se trouvent à l'instant partagés en deux bandes, également ennemies, quoique par des principes différens ; l'une dont les membres de bonne-foi sont sincerement persuadés qu'ils savent tout ce que l'homme peut savoir, & que l'esprit humain ne peut aller au-delà du leur ; & l'autre dont tous les individus qui la composent, inquiets que cet avantage public ne soit à leur détriment particulier, s'imaginent que la premiere place seroit bientôt donnée par la Nation à celui qui paroîtroit avoir été plus loin qu'eux dans la même carriere, à celui qui auroit ajouté son savoir particulier au savoir de tous. Alors ceux-ci s'abandonnent sans modération à cette funeste jalousie qui est si souvent l'apanage de l'homme. Jalousie monstrueuse & fatale, qui existe également parmi les mortels dans les tems de simplicité & dans les tems de dépravation, mais qui fait des progrès effrayans, lorsque les Empires sont arrivés à leur dernier dégré de corruption politique.

Cependant on pourroit faire sentir d'une maniére victorieuse aux uns & aux autres toute l'étendue de leurs torts.

A ceux qui croyent de bonne-foi qu'il ne

leur reſte rien à apprendre, on leur diroit:

D'où vous vient cette confiance en votre ſavoir & en vos lumieres ? N'avez-vous jamais réfléchi ſur la foibleſſe de l'eſprit humain & ſur l'incertitude de nos connoiſſances en tout genre ? Êtes-vous aſſez peu inſtruits, malgré toute votre préſomption, pour ignorer que ce n'eſt que par le ſecours du doute philoſophique que les hommes ſont arrivés au dégré de lumieres qu'ils ont acquis aujourd'hui ; & que ce doute univerſel qui étoit ſi néceſſaire lorſqu'on l'a introduit dans les ſciences & dans la philoſophie, & dont on a peut-être fort abuſé depuis en rendant tout incertain & problématique, eſt un inſtrument de perfection dont les Particuliers & les Corps devroient être toujours armés, plus encore contre les illuſions de l'amour-propre & contre les délires de leur oſtentation que contre leur penchant à la ſuperſtition & à la crédulité ?

Avez-vous profondément conſidéré ſi l'erreur qui fait croire ce qui n'eſt pas, ne ſeroit pas moins humiliante peut-être & moins préjudiciable que celle qui empêche de croire ce qui eſt ?

Par la premiere, vous paſſez les bornes de

l'esprit humain; par la seconde, vous restez en-deçà. L'une vous élève au-dessus de vous-même, l'autre vous rabaisse au-dessous. La première augmente vos richesses, vos facultés, votre puissance, vos moyens, votre intelligence, au moins en imagination (eh! presque tout ne gît-il pas dans l'imagination?) & la seconde les diminue au point de vous arracher ce qui vous appartient réellement. Celle-là rehausse aux yeux des autres & aux vôtres même l'opinion que vous avez de l'homme moral; celle ci la flétrit & la dégrade. L'erreur qui fait croire ce qui n'est pas, est une disposition de l'ame à s'élever, à s'étendre, à ne pouvoir rien supporter qui limite son activité & qui arrête ses élans; l'erreur qui empêche de croire ce qui existe, est une disposition de l'ame à se rétrécir, à se concentrer. De l'une naissent les Héros, de l'autre naissent les Égoïstes. (a)

Qui d'entre vous osera condamner ceux qui calomnioient, ridiculisoient, ou persécutoient les Galilées, les Descartes, les Hervay., &c. si vous vous conduisez à l'égard de vos contempo-

_____

(a) Si je voulois suivre ici l'analogie & développer dans toute son étendue cette idée, ses divers rapports, & ses nombreuses conséquences, je sens qu'elle fourniroit des choses étonnantes.

tains de la même maniere qu'on s'est conduit en-
vers eux ? Tout homme de génie qui arrive
maintenant parmi nous , peut se ressouvenir que
le bon Evêque Vigile a été poursuivi pour nous
avoir enseigné l'existence des Antipodes; que Ro-
ger Bacon , que Galilée & Toricelli ont été traités comme des foux dangereux; que le Chan-
celier Bacon, cet aigle de la Philosophie, savoit
d'avance qu'il ne seroit point senti par son siécle;
que Descartes écrivoit avec raison qu'il y avoit tout
au plus trois hommes en Europe en état de l'entendre, & qu'il fut obligé de quitter la France
parce qu'il commettoit le crime si peu pardonné
jusqu'ici, d'humilier ses concurrens & d'hono-
rer sa Patrie ; que J. J. a été long-temps sans asyle
& toujours dans l'obscurité & dans l'infortune ;
qu'il n'a pas tenu à nous que nous n'ayons repoussé dans l'oubli toutes les sublimes découvertes de Newton & étouffé toutes les lumieres
répandues sur nous par les Grands-Hommes des
deux Siécles qui s'écoulent ?

Qui ne croiroit, qu'en se ressouvenant de ces
funestes injustices, dans ce siécle si vanté pour sa
Philosophie & ses lumieres, cet homme de génie
ne dût se dire : *ces tems affreux sont passés ; il
n'en est plus ainsi parmi nous ; les talens y sont
accueillis & la vertu couronnée; les honneurs vont*

au-devant du mérite ; toute idée utile , toute découverte importante font fûres d'être récompen-
fées. Tout efprit fuperieur, jouit du plus pur des
triomphes lorfqu'il fe voue au fervice de la Patrie
& de l'Humanité. Qui ne croiroit qu'il ne dût être
dans cette perfuafion & fe tenir ce langage ? Eh
bien , oferai-je le dire à mes malheureux Con-
citoyens ?... il feroit au comble de l'erreur....
La nature humaine n'eft point changée : à d'autres
hommes de génie pareils traitemens font réfervés.

On ajouteroit à ces hommes préfomptueux :
à l'égard de toute idée neuve , vous êtes nécef-
fairement juges incompétens, puifqu'on ne peut
juger avec fageffe que ce qu'on connoît & ce
qu'on a examiné.

Ne vous a-t-on pas démontré que les
hommes n'ont d'eftime fentie que pour les
idées analogues aux leurs ; qu'ils ne fentent
la valeur réelle du mérite que lorfqu'ils ont un
mérite égal, & qu'ils ne favent eftimer dans
autrui que leur image & leur reffemblance ?

N'éprouvez-vous pas tous les jours vous-
même à l'égard des connoiffances que vous pof-
fédez, que ceux qui ne les poffédent pas comme
vous, ne peuvent vous apprécier avec équité ?
Ne vous appercevez-vous pas fans ceffe que la
plûpart des Efprits imprégnés d'une multitude

d'erreurs, guidés par leurs préjugés, par leur présomption, & bien éloignés de reconnoître la sphère étroite de leur génie, portent avec audace les jugemens les plus absurdes & se reposent dans leur sottise avec une confiance admirable? N'avez-vous point ri mille fois de l'ineptie humaine en vous voyant jugé sans appel, par des individus à qui l'ignorance, la prévention, ou une disproportion trop grande entre l'objet qu'ils vouloient juger & leurs lumieres, ne laissoient qu'une incapacité complette de peser vos opinions & vos principes? N'avez-vous pas vû cent fois l'ignorance sourire dédaigneusement aux assertions du savoir? n'avez vous pas été presque toujours repoussé par les esprits bornés toutes les fois que vous avez voulu leur faire adopter une idée supérieure à leur capacité? N'avez-vous pas été regardé par eux comme un extravagant, toutes les fois que l'empire de la vérité vous a fait oublier leur ineptie & a éxalté votre tête & vos Discours pour leur persuader par la force de vos raisonnemens, par la chaleur de votre éloquence, un principe qui passoit leur conception? N'avez-vous point considéré, si quelquefois la justice vous a été rendue, que vous ne l'avez dûe qu'à quelque heureux hazard qui a conduit près de vous certains hommes capables de sentir votre mérite

& en possession de faire loi par leur avis ; certains hommes dont les lumieres étant suffisantes pour vous comprendre, ont eû en même-temps assez de vertu pour vous rendre un témoignage favorable, ou n'ont pas eû quelqu'intérêt de vous le refuser ? N'avez-vous point consideré que la multitude alors n'a fait que se laisser entraîner ? Elle a cru ce qu'on lui disoit sans le sentir ; elle n'a point raisonné l'estime qu'elle vous accordoit ; elle vous a stupidement admirés ; machinalement préférés ; elle vous a loués sans vous juger ; le suffrage général n'a été déterminé que par le suffrage particulier du très-petit nombre de Juges compétens & désintéressés.

Or, vous est-il donc si difficile après cela de conclure que dans toute circonstance semblable, on aura des résultats semblables ? Vous est-il si difficile de suivre l'analogie & de juger par comparaison qu'avec de pareilles causes on aura de pareils effets, & que vous devenez vous-même peuple à l'égard de l'homme de génie qui aura des idées étrangères aux vôtres ? de l'homme à qui la méditation aura suggéré des idées absolument neuves, à qui le travail opiniâtre ou un hazard heureux aura fait faire de nouvelles découvertes ?

À ceux qui ont affez de lumieres pour connoître comme nous les vérités que nous venons d'expofer, mais dont le cœur corrompu par l'égoïfme, les oblige à fuivre ce qui leur eft dicté par leurs intérêts, & non ce qui leur eft prefcrit par leur raifon; on leur diroit:

Comment pouvez-vous vous déterminer à perpétuer ainfi l'erreur dans l'Efprit Humain? Comme fimples particuliers, vous feriez impardonnables; comme membres de Corps inftitués pour perfectionner les Arts & les Sciences, que ferez-vous? comme membres de Corps inftitués pour étendre la fphère des connoiffances, que ferez-vous? Que ferez-vous comme individus expreffément deftinés par votre Nation, par votre Roi, par votre Patrie, à chercher, à enfeigner la vérité? Comment pouvez-vous vous avilir de cette forte à vos propres yeux, & dégrader à ce point votre intelligence & votre ame? Eft-ce à ce noble ufage que vous employez la fupériorité de votre Efprit? Eft-ce à de tels réfultats que vous réferviez l'étendue de vos lumieres? Eft-ce pour être de cette merveilleufe utilité à votre Patrie & à l'Humanité que vous vouliez être fi Savant?

Comment ne confidérez-vous pas que s'il

C

ne s'agissoit même que de vérités de pure spéculation, de découvertes de pur agrément & de simple curiosité, vous seriez toujours coupables de *lèze* Esprit Humain; mais que s'il s'agit de vérités dont l'admission touche de près la félicité générale, s'il s'agit de découvertes dont la publication & la pratique ayent des rapports directs avec la perfection morale ou physique des hommes, avec leur conservation ou préservation, vous vous rendez coupables du plus grand des crimes.

Comment parvenez-vous à repousser les remords de votre conscience, à étouffer le cri de votre propre cœur : Et si vous y parvenez par un talent dont il faut gémir, par une faculté étrangere à l'homme de bien & inconnue à la vertu, comment espérez-vous que votre injustice & votre mauvaise foi ne seront pas senties par les Esprits aussi clair-voyants que le vôtre : Par tous ceux qui joignent aux mêmes lumieres que vous, le même esprit d'intérêt, le même principe d'égoïsme qui les rend pénétrants sur tout ce qui les entoure, leur fait juger les hommes avec plus d'habileté ou plus de finesse, leur fait découvrir les plus obscures issues du cœur humain quand elles existent, & leur fait soupçonner dans la conduite des hommes, des motifs secrets lors même qu'ils n'existent pas ? Comment espérez-vous qu'elles ne seront pas senties par ceux qui agissant comme vous & se conduisant par les mêmes maximes, n'ont, pour vous juger favorablement, qu'à se juger eux-mêmes ? Comment espérez-vous que votre mauvaise foi & votre injustice demeureront inconnues à ce petit nombre de Juges éclairés, qui, à toutes les vertus que vous n'avez pas, joignent aussi toutes les lumieres que vous avez, ou de plus grandes encore ? Comment espérez-vous qu'elles ne seront pas senties par ces esprits supérieurs, par ces Juges intègres & lumineux, qui à la longue, malgré leur petit nombre, entraînent toujours les esprits chez les Nations civilisées, déterminent les suffrages de la multitude & conduisent les Nations ? Comment ne voyez-vous pas que vos intérêts même seroient bien mieux suivis en faisant usage de toutes vos connoissances & de toutes vos lumieres, pour protéger avec la plus grande activité les découvertes utiles & les hommes de génie qui les font ; en profitant de tous les matériaux nouveaux que l'Esprit Humain a rassemblés autour de lui : de toutes les inventions & découvertes nouvelles, de la multiplication des vérités utiles ou des probabilités importantes, pour contribuer vous-même à la plus vaste, la plus noble & la plus néceſſaire de toutes les opérations ; la reſtauration générale des connoiſſances humaines ; la reconſtruction ſur un meilleur plan, de l'Edifice de la Societé politique?

C'eſt alors que vous pourriez donner à vos Corps la juſte conſiſtance qu'ils n'ont point, l'élévation qui leur conviendroit & l'utilité dont ils ſont ſuſceptibles. C'eſt alors que vous pourriez élever vos Compagnies à ce dégré d'utilité réelle, & par conſéquent de conſidération méritée qui eſt la plus noble récompenſe de la vertu ou du ſavoir. Alors on pourroit apprécier l'utilité de ces établiſſemens. Alors vous rempliriez véritablement l'objet qu'ils devoient avoir, & vous ſuivriez l'eſprit qui devoit principalement diriger leurs fondateurs. C'eſt alors que devenus vous-mêmes les principaux & les plus ſolides reſſorts des Gouvernemens, vous les éclaireriez ſur ce qu'ils auroient à faire à votre égard, & vous les porteriez par une force imperceptible & invincible tout à la fois, à vous donner tout l'appui que vous en devez attendre, & à mettre tous leurs ſoins à tirer de vos travaux réunis, les avantages immenſes qui pourroient en naître. C'eſt alors que ces aggrégations d'hommes ſeroient réellement dignes du plus grand reſpect. C'eſt alors que vous donneriez à vos Corps une existence imposante, & à vos Compagnies un caractere majestueux, une sanction morale & politique qu'elles sont bien loin d'avoir. C'est alors que vous mériteriez d'occuper les premieres places dans ces nouvelles Cités, dans ces nouveaux Empires où vous les tiendriez de la vertu & de la justice, au lieu d'en être presque toujours exclus, ou de ne les devoir qu'à la prévention, à l'ignorance publique, à l'intrigue, à la faveur, au hazard ou à la bassesse.

On diroit à la multitude ignorante & présomptueuse :

Ne savez-vous pas que l'homme du plus vrai génie qui apparoîtroit chez une peuplade de Sauvages, courroit risque d'être lapidé ? Que si le Savant, si le Philosophe ne rencontroit dans sa Patrie d'autres Philosophes, d'autres Savans, pour l'accueillir, il n'obtiendroit que le mépris & la dérision ? Que seul au milieu des ignorants & des sots, il passeroit lui-même pour le sot & l'ignorant ? Or cette peuplade de Sauvages & d'ignorans existe encore dans toutes les contrées de l'Europe & au milieu des Etats les plus florissans. Elle y existe, bien plus fatale à l'homme de génie que dans les forêts du Canada. Dans ces forêts du Canada, l'on n'a à redouter que la simplicité des esprits qui n'ont aucune des idées

C iij

néceffaires pour entendre le langage de la raifon perfectionnée ; mais chez les fess de l'Europe, on a à redouter toutes les préventions des efprits qui ont toutes les idées néceffaires pour ne pas le comprendre. Les premiers font des corps fains & droits à qui il faut feulement apprendre à faire ufage de leurs membres ; ceux-ci font des tortus qu'il faut redreffer, des boiteux qu'il faut faire marcher droit, des malades qu'il faut faire opérer comme des Êtres pleins de fanté.

Chez ces derniers, l'aveugle préjugé, la prévention opiniâtre, fervent feuls de guides. L'Homme de génie encore obfcur & fans réputation, leur fait-il part d'une grande vérité, ils la repouffent, la dédaignent & perfifflent fon Inventeur. Le fot déjà célèbre, leur propofe-t'il un menfonge groffier, une abfurdité ridicule, elle devient l'objet fubit de leur vénération.

Jamais conduits par la raifon & par la vérité, ils n'adoptent une opinion que par le préjugé favorable qu'ils ont pour celui qui la leur propofe. Mais ce préjugé n'eft fondé que fur fa réputation ; & fa réputation dépend des jugemens de fes Pairs. Or fi ceux-ci ne rendent hommage à la vérité qu'après avoir confulté leurs intérêts, s'ils n'accordent de réputation qu'à ceux qui ne peuvent pas les éclipfer, & fi la multitude fans moyens pour apprécier le mérite réel, ne le mefure que fur l'étendue de la réputation, de quoi faut-il s'étonner parmi les humains ?.... Il faut s'étonner..... de ce qu'il y a déjà quelques vérités admifes & quelques grands hommes reconnus pour tels.

On diroit à cette multitude qui s'ameute fans retenue & qui éleve une voix inconfiderée & dérifoire :

Si vous ne favez pas toutes ces chofes, fi ce que je dis ici excite votre étonnement, à quoi fert-il donc de vous inftruire ? A quoi fert-il de vous inftruire fi vous oubliez toutes les leçons qu'on vous donne ?..... Quel compte doivent tenir de vos éloges les Philofophes à qui vous les prodiguez, fi vous détruifez ces éloges de la maniere la plus manifefte en demeurant invinciblement attachés aux erreurs diamétralement oppofées aux vérités qu'ils vous ont enfeignées; fi par ce procédé abfurde & cruel, vous rendez illufoires & nulles la célébrité & la gloire dont vous les avez couverts, puifque leur mérite & leur gloire ne peuvent être attachés qu'à la découverte heureufe & à l'enfeignement courageux, à l'expofition éloquente des vérités utiles dont ils ne peuvent être récompenfés que par votre empreffe-

ment à les connoître & à les adopter? Quelle in-
conséquence enfin, quelle absurdité sont les vôtres
de combler d'éloges, d'élever jusqu'aux nues des
hommes que vous ne regardez apparemment que
comme des fous ou des imbécilles, puisque vous
vous piquez d'avoir des opinions entierement
opposées aux leurs, & que vous employez toutes les ressources de votre opiniâtreté à persister
dans les idées dont ils ont démontré la fausseté?

Telle est pourtant votre conduite à l'égard de
presque tous & principalement (pour ne parler
que des Modernes) de Locke, Mallebranche,
Buffon, Condillac, Montagne, Helvetius, &
J. Jacques. Relisez-les attentivement & vous sen-
tirez toute la vérité de mes observations. Si vous
ne les avez pas lus, je vous demanderai pourquoi
vous les louez? Si c'est après les avoir lus que
vous vous extasiez en prononçant leurs noms &
que vous les comptez parmi les premiers hommes
de l'Europe, comme ils le sont effectivement à
beaucoup d'égards, comment donc êtes-vous si
absurdes; si inconséquens ou si malheureux de res-
ter profondément plongés dans toutes les erreurs
qu'ils ont combattues & détruites? & que doit
répondre, que doit penser de vous l'homme à
qui vous nommerez avec vénération Buffon,
Helvetius ou Locke, dans l'instant où vous lui

rirez au nez, s'il défend contre vous, sans les avoir cités, les principes de ces Grands Hommes?

Or une grande partie de ce que je vous ai dit ci-devant sur la nature des Esprits, ne résulte pas seulement de mes propres méditations, il résulte également de ce qui a été dit par les Philosophes que je viens de vous nommer.

Si au contraire vous savez comme moi toutes ces choses, si vous êtes d'accord intérieurement avec Locke, Buffon, Helvetius & Hume, sur les principes d'où j'ai tiré ces vérités, que dois-je penser de vous lorsque je vous vois agir & parler d'une maniere si opposée ?

On pourroit leur dire à tous :

Ne voyez-vous pas que la constitution générale des choses est telle que ces désordres y sont comme naturels; que rien jusqu'ici n'a pu être autrement qu'il n'a été; que tout est resté ignoré de ce qui doit conduire chaque Art & chaque Science à son but réel; les Gouvernemens à leur véritable perfection ; les Empires à leur prospérité effective, & les hommes par conséquent à leur félicité certaine?

Comment donc les Corps, même les plus susceptibles & les plus ombrageux, pourroient-ils se trouver offensés de ce qu'on a eû le courage de dire en ce lieu ? Comment auroient-ils la bonté de se faire une affaire particuliere de ce qui ne peut être que la cause publique ?

Certains Principes doivent conduire à certaines conséquences. Certaines causes doivent nécessairement produire certains effets. Quand ces causes subsistent, on ne peut empêcher ce qui doit en dériver inévitablement. La corruption, la dépravation générales sont des suites nécessaires d'un grand nombre de principes destructeurs *qu'on ne sçauroit empêcher d'agir* dèslors qu'on les laisse subsister. La mauvaise foi, l'injustice, l'égoïsme, l'envie & la cupidité sont des émanations naturelles de cette corruption publique. Cette multitude innombrable d'hommes & de femmes sans mœurs, sans loix, sans principes, remplis d'une considération stupide pour tout ce qui est mal, & d'un mépris moqueur pour tout ce qui est bien, ne sont, pour ainsi dire, *qu'un résultat de l'action générale*. Ils suivent une impulsion qu'ils ne sauroient arrêter. Ils sont entraînés par une force qu'ils ne connoissent point.

Bien plus dignes de nos larmes, que de nos mépris, il faut les plaindre, & non point les injurier : il faut arrêter, s'il se peut, le torrent

funeſte qui les entraîne ; torrent dont ils ne connoiſſent ni la profondeur ni le danger, bien
loin d'en connoître la ſource. Il faut travailler à
tarir cette ſource ; oppoſer une digue puiſſante
au cours impétueux qu'elle a formé ; ralentir
la marche précipitée du navire qu'elle va en-
gloutir ; reſpecter, malgré leurs injures & leurs
hoſtilités, les malheureux inſenſés qu'il contient ;
& le ſauver, malgré les efforts qu'ils font pour
le conduire à ſa perte.

Mais pour y parvenir, les difficultés ſont
énormes ; car dans une ſemblable conſtitution,
les hommes les plus honnêtes participent toujours un peu à la commune dépravation, ſans
pouvoir l'éviter, & par des motifs aiſés à ſentir par ceux qui auront ſérieuſement médité
ces objets.

Alors ces hommes ſont dans une ſituation
bizarre où l'on ne ſauroit s'en prendre à eux du
mal qu'ils font. Coupables de perfidie ſans être
eſſentiellement perfides ; de ſcélérateſſe ſans être
ſcélérats ; de noirceurs ſans être méchans ; ils
ſe livrent à tous les vices ſans être vicieux. Ils
protégent & ſuivent le mal ſans avoir la volonté de préférer le mal. Et voilà ce qui rend
la ſatyre toujours odieuſe, & toujours inutile ;

voilà ce qui motive la circonspection du Philosophe & l'indulgence du Sage ; voilà ce qui
rend la vertu plus naturelle aux hommes véritablement éclairés , parce qu'ils savent que
l'homme est moins méchant qu'il ne le paroît , & qu'il ne faut combattre son ineptie
que par une constance invincible à l'éclairer ,
& son ingratitude que par la multiplicité des
bienfaits.

Tel est l'effet de la corruption générale. Elle
donne une impulsion universelle, & les plus fer-
mes sont entraînés. L'opinion de tous, le préjugé public , la maxime reçue , l'usage adopté ,
l'exemple universel, les principes *secrettement établis & publiquement suivis* , font que beaucoup
d'hommes sont à quelques égards purs par leurs
intentions, quoique souillés par leurs actions ,
& portent un cœur honnête au milieu des vices
auxquels ils se livrent.

Dans le tems des bonnes mœurs, il n'y a
que les hommes réellement méchans & vicieux
qui s'adonnent AU MAL. Mais dans les tems de
dépravation, l'homme reprend en quelque sorte sa *bonté naturelle* au milieu même des vices
& des désordres. Il a une sorte d'amour pour
le bien & pour la vertu, en même tems qu'il

ne fuit que le mal & le vice. Son cœur eft bon pendant que fes actions font mauvaifes ; fon efprit aime & cherche la vérité , quoique fes difcours foient un continuel menfonge.

Ce feroit donc à tort qu'on s'en prendroit aux individus , & plus à tort encore qu'on s'en prendroit aux Compagnies qui les raffemblent. Ce feroit donc à tort que ces Compagnies fe feroient une affaire particuliere de ce qui dérive d'une multitude de caufes générales.

Peut-être à la vérité quelques perfonnes ont-elles voulu les prendre à parti trop expreffément. C'eft en cela , nous ofons le croire , que M. Linguet a eu tort. De la maniere dont il s'eft élevé contre les Corps , il les a mis en jeu comme Auteurs directs de ces maux, & comme refponfables de tous les abus qui les fuivent , au lieu de montrer qu'ils ne font en effet que des caufes fecondes , des êtres paffifs , des réfultats indifpenfables de la nature des chofes parmi nous & des fuites néceffaires de l'abfence & de l'ignorance de toute légiflation.

C'eft de cette même caufe , de cette inexiftence de légiflation , que font venus les inconvéniens & les abus dont nous avons fait mention, foit à l'égard des Sciences, foit à l'égard des

Corps qui les professent. Là ont également pris leur source la cruelle destinée des grands hommes & les obstacles apportés à l'admission des vérités & des découvertes utiles. Qu'on ne soit donc pas offensé de ce que je dis en ce lieu où je suis obligé d'examiner la nature des choses dans toute leur profondeur, & que les Compagnies & les Corps n'aient pas la foiblesse de prendre pour des personnalités ce que je suis obligé d'indiquer dans l'analyse raisonnée de toutes les funestes dérivations de nos vices législatifs.

C'est de l'ignorance générale en politique qu'est née l'erreur de ceux qui ont attribué ces effets à toute autre cause qu'à celles qui les ont produits réellement ; c'est cette ignorance générale qui a retardé jusqu'ici la découverte de ces causes. C'est cette erreur universelle qui a dérobé à une multitude d'esprits la connoissance même de leurs effets. C'est de cette même ignorance en politique qu'est venue l'injustice de nos Prédécesseurs à l'égard de ceux qui, plus éclairés qu'eux, ont voulu leur apprendre quelles étoient ces causes, leur montrer la liaison immédiate entre ces principes & leurs conséquences, & leur mettre sous les yeux cette vérité importante & nouvelle, que la plupart des hommes de ce siécle sont conduits & poussés par une force qui leur est inconnue, & par des principes dont ils ne se doutent pas.

Oui, Messieurs, le véritable état actuel de la plupart des hommes de l'Europe est d'être entraînés par des causes qu'ils ignorent. Les plus instruits sont souvent dans ce cas, aussi - bien que les plus ignorans. Cette marche arrête continuellement les Esprits dans un cercle d'erreurs & de maux, repousse les vérités, décourage l'homme de génie qui les découvre, & impose silence au Sage qui les conçoit.

Si les succès sont réservés maintenant à l'avidité, à la bassesse, à la fourberie, à l'impudence ; si l'homme vertueux & éclairé est obligé d'opter entre la fortune & la vertu, & de renoncer à l'une ou à l'autre ; ces funestes effets naissent naturellement dans certains Gouvernemens de la corruption politique qu'on y laisse germer & s'accroître. Cette corruption politique est une force morale qui dirige les hommes & les fait agir à leur insçu avec autant de puissance que la force physique qui les fait tourner sans qu'ils s'en doutent, autour du soleil, par le mouvement diurne de la terre.

Comment cette force n'auroit-elle pas tout son empire ? comment les funestes effets de cette corruption politique n'existeroient-ils pas dans toute leur étendue ? Personne n'a encore examiné les choses avec les yeux de l'homme d'Etat & du Légiſlateur. On n'a conſideré encore, ni les Lettres, ni les Sciences, ni les Arts par le côté où ils doivent tenir à une ſage Légiſlation, & ajouter à l'utilité de ſon action générale, au lieu de l'altérer ou de la combattre.

La conſtitution morali-politique de chacune des Profeſſions qui s'exercent parmi vous, eſt *telle* que ceux qui les embraſſent, ſont comme forcés de ſuivre leur intérêt perſonnel, plutôt que l'intérêt public, & d'étouffer même les ſentimens & les idées de bien général & d'amélioration de la choſe, qu'une ame élevée & un eſprit éclairé pourroient leur inſpirer. . . . Bien loin d'avoir porté remede à ce vice deſtructeur, vous ne l'avez pas même remarqué . . . . . Vous n'avez pas ſçu voir que ceux qui embraſſent ces profeſſions parmi vous, ſont comme contraints d'étouffer ces germes de bien par des conſidérations de corps, de petites vues particulieres, des réſultats d'eſprit de parti, des ménagemens pour une Secte, des déférences pour un ſyſtême protégé, en un mot, par des motifs ſi vicieux, ſi bas, ou ſi puérils, mais ſi dangereux & ſi multipliés, qu'il en réſulte le plus grand mal public, & qu'il en réſulteroit la continuation perpétuelle de ce malheur horrible, l'extenſion ſans bornes de ce

déſordre

défordre général, fi quelques hommes enfin n'a-
voient affez de courage pour braver tous les efforts & tous les obftacles.

Quelqu'un parmi vous s'eft-il feulement arrêté
à examiner férieufement l'influence des Lettres
& des Arts fur la morale & fur la politique, &
l'influence de la politique & de la morale fur le
bonheur des hommes & le deftin des Empires?
A peine un homme a-t-il voulu s'en occuper
un inftant & développer les idées les plus élémentaires (a) de cette queftion, que toutes les
voix fe font élevées contre lui, & qu'il a été
regardé comme un vifionnaire.

Avez-vous quelqu'établiffement politique qui
puiffe faire contracter à vos gens d'efprit l'obli-
gation de ne s'adonner à la Littérature que
pour devenir meilleurs Citoyens; de ne fe rendre favans que pour être plus utiles à l'humanité; de ne fe préfenter à la porte de vos Corps
& de vos Académies que pour mieux fervir
leur Patrie?

_____

(a) Je dis *les plus élémentaires*, car je prouverai
que ce qui a été écrit fur cet objet, tout excellent,
tout éloquent qu'il eft, & qui a été fi ridiculement cri-
tiqué, n'eft encore que l'alphabet de la raifon & de la
politique.

D

Loin que ce foit cet efprit d'utilité publique qui les conduife, toute idée neuve offenfe ceux qui ne l'ont point eue. Ils jugent qu'une penfée qui ne leur eft point venue, eft hors du cercle de la raifon humaine. La découverte qu'ils n'ont point faite, ne peut être qu'une abfurdité ou une folie. Celui qui nous affure une chofe que nous n'avons jamais fçue ni imaginée, nous paroît un infenfé ou un impofteur. De-là on perfécute ceux qui hazardent la moindre vérité. On arrête dès leur premier pas ceux qui, partis d'un nouveau point, & fecondés dans leurs heureux apperçus, pourroient fe livrer à un travail important. On décourage au premier témoignage de leur zèle ceux qui voudroient s'écarter de la route battue, parcourir une carrière nouvelle & arriver à des buts différens.

La funefte maxime qui s'eft affez généralement établie en Europe, ainfi que je l'ai dit ci-deffus, maxime qui prétend que tout a été dit, qu'on ne fait plus que glaner, qu'abonder en fon fens & tourner fans ceffe dans le même cercle, eft une des *principales* caufes de ces maux & de ces abus, & *principalement* de cette préfomption pernicieufe dont trop fouvent les meilleurs efprits & les efprits les plus médiocres font également imbus.

S'il étoit ainsi, s'il étoit vrai que tout eût été dit, la classe d'hommes qu'on appelle des *Hommes de Lettres* & des *Ecrivains*, seroit, je ne crains pas de le dire, ce qu'il y a de plus oiseux & de plus inutile sur la terre. Mais j'ose avancer, que rien ou presque rien n'a été dit encore de ce qu'il y a de plus important dans l'esprit humain & de ce qu'il est le plus nécessaire aux hommes de savoir. Beaucoup de moyens ont été accumulés, mais pas un Sage encore ne les a mis en œuvre. Dans la Physique comme dans la Morale, dans la Politique comme dans la Métaphysique, dans la science de gouverner comme dans la science d'obéir, nous avons eu beaucoup de Maçons, & pas un Architecte. Ceux qui ont prétendu l'être, n'ont eu pour la plupart, ni les talens, ni les lumieres qui pouvoient les rendre dignes de cet honneur; d'autres y ont prétendu dans des tems où leurs matériaux étoient trop peu nombreux & trop foibles encore pour que leur plan pût être affermi sur une base solide. Une vaste imagination les a entraînés avant que le calcul, l'examen & la réflexion leur eût donné des points fixes & des fondemens assurés. La science la plus nécessaire aux hommes, la plus importante aux Empires, celle de la législation, la science sur laquelle toutes les autres doivent s'élever & s'affermir

D ij

celle qui feule peut donner une bafe folide à l'é-
difice du bonheur public & des fciences qui y
contribuent, eft la moins avancée de toutes ;
c'eft celle qui eft encore la plus voifine de fon
berceau, la plus inconnue, la plus ignorée. Les
Arts même dont les progrès paroiffent le moins
fufceptibles de conteftation, ne fe font perfec-
tionnés que par le pur hazard, n'ont été diri-
gés vers aucun but utile, n'ont été accompa-
gnés d'aucune moralité, n'ont reçu aucune impulfion de la part de la Société civile, n'ont ob-
tenu, fur-tout chez les Nations modernes, aucune
fanction morale de la part du Légiflateur ; &
cela eft tout fimple, puifque chez les Nations
modernes il n'y a point encore eu de Légiflateur.

Il eft donc évident que les connoiffances
humaines n'ont pu jufqu'ici être portées à leur
dernier dégré de perfection, ni par les particuliers, ni par les Corps, ni par les Gouvernemens,
& que ce feroit avec le plus grand tort & le
plus grand danger qu'on s'enorgueilliroit de ce
qu'on fait, qu'on dédaigneroit les découvertes,
qu'on s'imagineroit qu'il ne peut plus y avoir
d'idées neuves, qu'on croiroit que la raifon
humaine a atteint fes dernieres limites.

Il eft également évident dans tout ce que

nous venons de démontrer, que par l'Etat actuel de l'Esprit Humain, la plupart des hommes sont nécessairement conduits à l'orgueil, à la présomption, à la confiance en leur propre savoir, au mépris ou à la haine du savoir d'autrui. Ils sont conduits à se persuader qu'ils ont toutes les lumieres qu'on peut avoir, & que les connoissances humaines ont été portées à leur plus haute perfection : ils sont conduits soit par les risibles préjugés de l'ignorance, soit par les innombrables aiguillons de la vanité, soit par les conseils honteux de l'intérêt, à rejetter les découvertes, à persiffler les inventeurs, à éloigner les hommes de génie, à s'imaginer ou à feindre qu'il ne peut plus y avoir d'idées neuves, à regarder comme impossible ou comme ridicule tout ce qui passe leur portée; à ranger parmi les chimères toute proposition nouvelle tant qu'elle n'est point admise, & que les circonstances les favorisent dans les obstacles qu'ils suscitent à la chose ou à l'Auteur, & à la regarder ensuite comme vulgaire & connue dès qu'elle a été admise, dès que les circonstances ont favorisé son établissement : ils sont conduits enfin à croire la raison humaine trop élevée maintenant & trop sublime pour qu'on puisse rien lui enseigner désormais, & à envisager leur gloire, leur fortune personnelles comme des choses trop importantes au genre humain, trop justement établies & trop sacrées pour qu'il doive être permis à des *inconnus*, à des *individus isolés*, de venir en interrompre le cours & en retarder la marche.

Il est donc incontestable aussi & de toute évidence, que l'État actuel de l'Esprit Humain, est, on ne peut pas plus contraire à la véritable perfection politique & morale de l'homme & des Empires, & qu'à chaque instant la vérité & le génie courent les risques, l'une d'être méconnue, & l'autre persécuté.

FIN.